Sunflower Gardening Log Book

This notebook belongs to:

_____

_____

Date planted:_____

Plant / Type:_____

_____

Planted from: Seeds   ○
                 Transplant ○

Watering: _____

Soil / fertilizer used: _____

_____

Date (when the photo was taken):_____

Size update:_____

Pests:_____

Bloom or fruit date: _____

Harvest date:_____   Yield:_____

~~~~~~~~~~~~~~~~~~~~~~~~~~~~~~~~~~~~~~

NOTES:_____
_____
_____
_____
_____
_____

~~~~~~~~~~~~~~~~~~~~~~~~~~~~~~~~~~~~~~

Date planted:_____

Plant / Type:_____

_____

Planted from: Seeds   ○
                 Transplant ○

Watering: _____

Soil / fertilizer used: _____

_____

Date (when the photo was taken):_____

Size update:_____

Pests:_____

Bloom or fruit date: _____

Harvest date:_____   Yield:_____

Date planted: _____

Plant / Type: _____

_____

Planted from: Seeds ○
                Transplant ○

Watering: _____

Soil / fertilizer used: _____

_____

Date (when the photo was taken): _____

Size update: _____

Pests: _____

Bloom or fruit date: _____

Harvest date: _____   Yield: _____

NOTES: _____
_____
_____
_____
_____

Date planted: _____

Plant / Type: _____

_____

Planted from: Seeds ○
                Transplant ○

Watering: _____

Soil / fertilizer used: _____

_____

Date (when the photo was taken): _____

Size update: _____

Pests: _____

Bloom or fruit date: _____

Harvest date: _____   Yield: _____

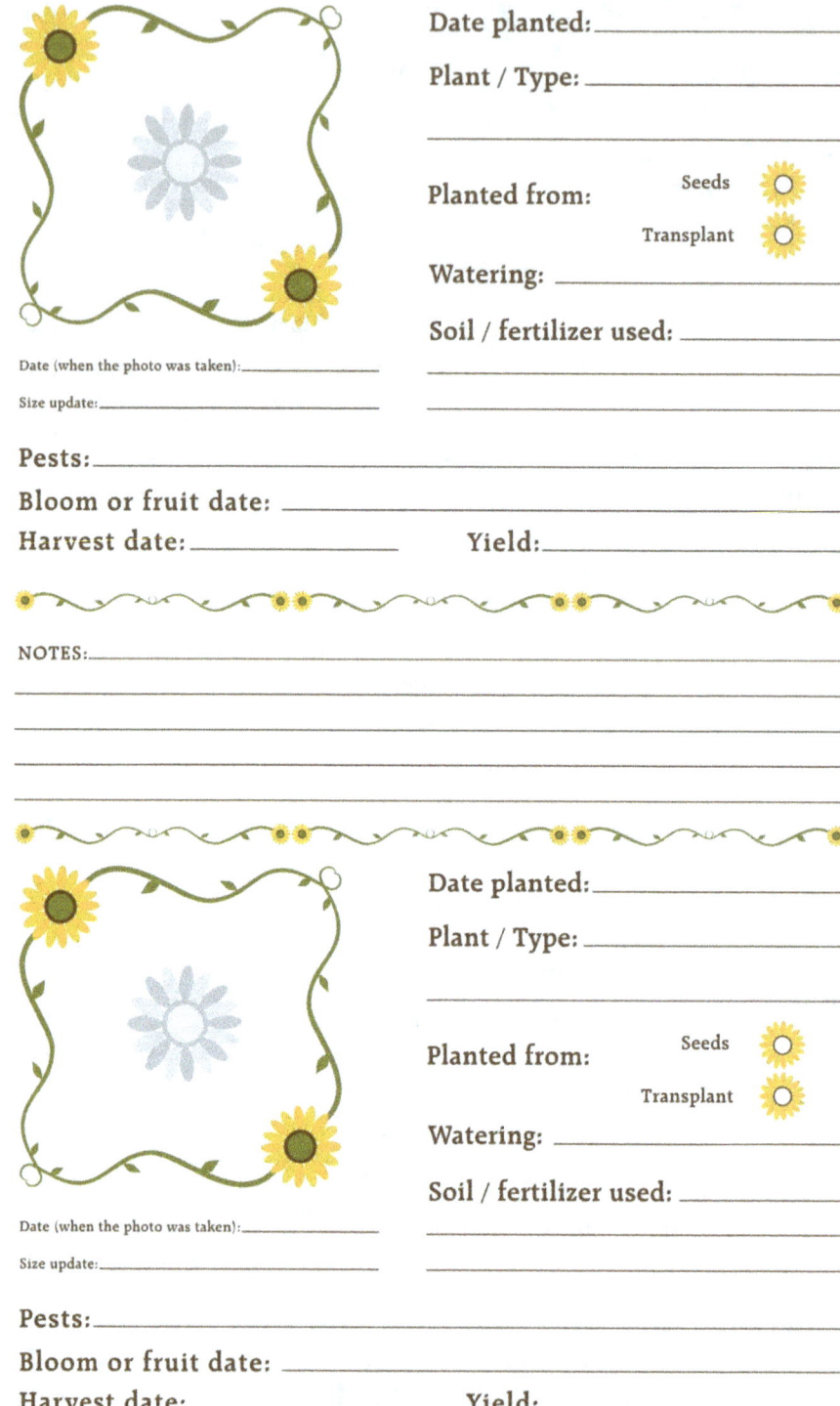

Date planted: _____

Plant / Type: _____

Planted from: Seeds ○

                 Transplant ○

Watering: _____

Soil / fertilizer used: _____

Date (when the photo was taken): _____

Size update: _____

Pests: _____

Bloom or fruit date: _____

Harvest date: _____   Yield: _____

NOTES: _____

_____

_____

_____

_____

Date planted: _____

Plant / Type: _____

Planted from: Seeds ○

                 Transplant ○

Watering: _____

Soil / fertilizer used: _____

Date (when the photo was taken): _____

Size update: _____

Pests: _____

Bloom or fruit date: _____

Harvest date: _____   Yield: _____

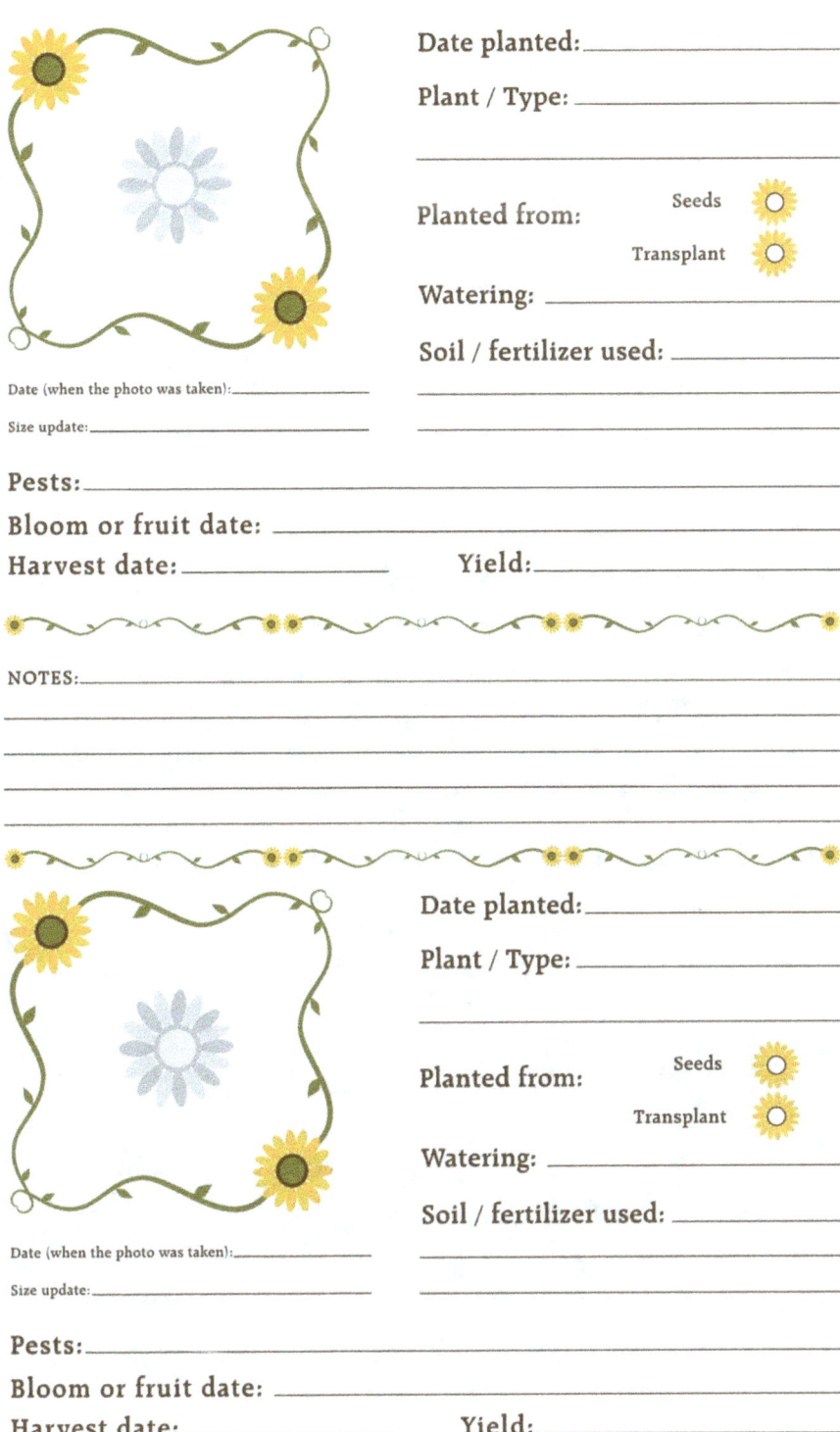

Date planted: _____

Plant / Type: _____

_____

Planted from: Seeds ○

                         Transplant ○

Watering: _____

Soil / fertilizer used: _____

_____

_____

Date (when the photo was taken): _____

Size update: _____

Pests: _____

Bloom or fruit date: _____

Harvest date: _____ Yield: _____

NOTES: _____
_____
_____
_____

Date planted: _____

Plant / Type: _____

_____

Planted from: Seeds ○

                         Transplant ○

Watering: _____

Soil / fertilizer used: _____

_____

_____

Date (when the photo was taken): _____

Size update: _____

Pests: _____

Bloom or fruit date: _____

Harvest date: _____ Yield: _____

Date planted: _____

Plant / Type: _____

_____

Planted from: Seeds ○
                  Transplant ○

Watering: _____

Soil / fertilizer used: _____
_____

Date (when the photo was taken): _____
Size update: _____

Pests: _____

Bloom or fruit date: _____

Harvest date: _____   Yield: _____

NOTES: _____
_____
_____
_____
_____

Date planted: _____

Plant / Type: _____

_____

Planted from: Seeds ○
                  Transplant ○

Watering: _____

Soil / fertilizer used: _____
_____

Date (when the photo was taken): _____
Size update: _____

Pests: _____

Bloom or fruit date: _____

Harvest date: _____   Yield: _____

Date planted: _____

Plant / Type: _____

_____

Planted from: Seeds ○

                  Transplant ○

Watering: _____

Soil / fertilizer used: _____

_____

_____

Date (when the photo was taken): _____

Size update: _____

Pests: _____

Bloom or fruit date: _____

Harvest date: _____   Yield: _____

NOTES: _____
_____
_____
_____

Date planted: _____

Plant / Type: _____

_____

Planted from: Seeds ○

                  Transplant ○

Watering: _____

Soil / fertilizer used: _____

_____

Date (when the photo was taken): _____

Size update: _____

Pests: _____

Bloom or fruit date: _____

Harvest date: _____   Yield: _____

Date planted: _____

Plant / Type: _____

_____

Planted from: Seeds ○
                Transplant ○

Watering: _____

Soil / fertilizer used: _____

_____

Date (when the photo was taken): _____

Size update: _____

Pests: _____

Bloom or fruit date: _____

Harvest date: _____   Yield: _____

NOTES: _____
_____
_____
_____
_____

Date planted: _____

Plant / Type: _____

_____

Planted from: Seeds ○
                Transplant ○

Watering: _____

Soil / fertilizer used: _____

_____

Date (when the photo was taken): _____

Size update: _____

Pests: _____

Bloom or fruit date: _____

Harvest date: _____   Yield: _____

Date planted: _____

Plant / Type: _____

_____

Planted from: Seeds ○
                Transplant ○

Watering: _____

Soil / fertilizer used: _____
_____
_____

Date (when the photo was taken): _____
Size update: _____

Pests: _____

Bloom or fruit date: _____

Harvest date: _____ Yield: _____

NOTES: _____
_____
_____
_____
_____

Date planted: _____

Plant / Type: _____

_____

Planted from: Seeds ○
                Transplant ○

Watering: _____

Soil / fertilizer used: _____
_____
_____

Date (when the photo was taken): _____
Size update: _____

Pests: _____

Bloom or fruit date: _____

Harvest date: _____ Yield: _____

Date planted: _____

Plant / Type: _____

_____

Planted from: Seeds ○
                  Transplant ○

Watering: _____

Soil / fertilizer used: _____

_____

Date (when the photo was taken): _____
Size update: _____

Pests: _____
Bloom or fruit date: _____
Harvest date: _____   Yield: _____

NOTES: _____
_____
_____
_____

Date planted: _____

Plant / Type: _____

_____

Planted from: Seeds ○
                  Transplant ○

Watering: _____

Soil / fertilizer used: _____

_____

Date (when the photo was taken): _____
Size update: _____

Pests: _____
Bloom or fruit date: _____
Harvest date: _____   Yield: _____

Date planted:_____

Plant / Type:_____
_____

Planted from: Seeds   ◯
                   Transplant ◯

Watering:_____

Soil / fertilizer used:_____
_____
_____

Date (when the photo was taken):_____

Size update:_____

Pests:_____

Bloom or fruit date:_____

Harvest date:_____ Yield:_____

NOTES:_____
_____
_____
_____

Date planted:_____

Plant / Type:_____
_____

Planted from: Seeds   ◯
                   Transplant ◯

Watering:_____

Soil / fertilizer used:_____
_____
_____

Date (when the photo was taken):_____

Size update:_____

Pests:_____

Bloom or fruit date:_____

Harvest date:_____ Yield:_____

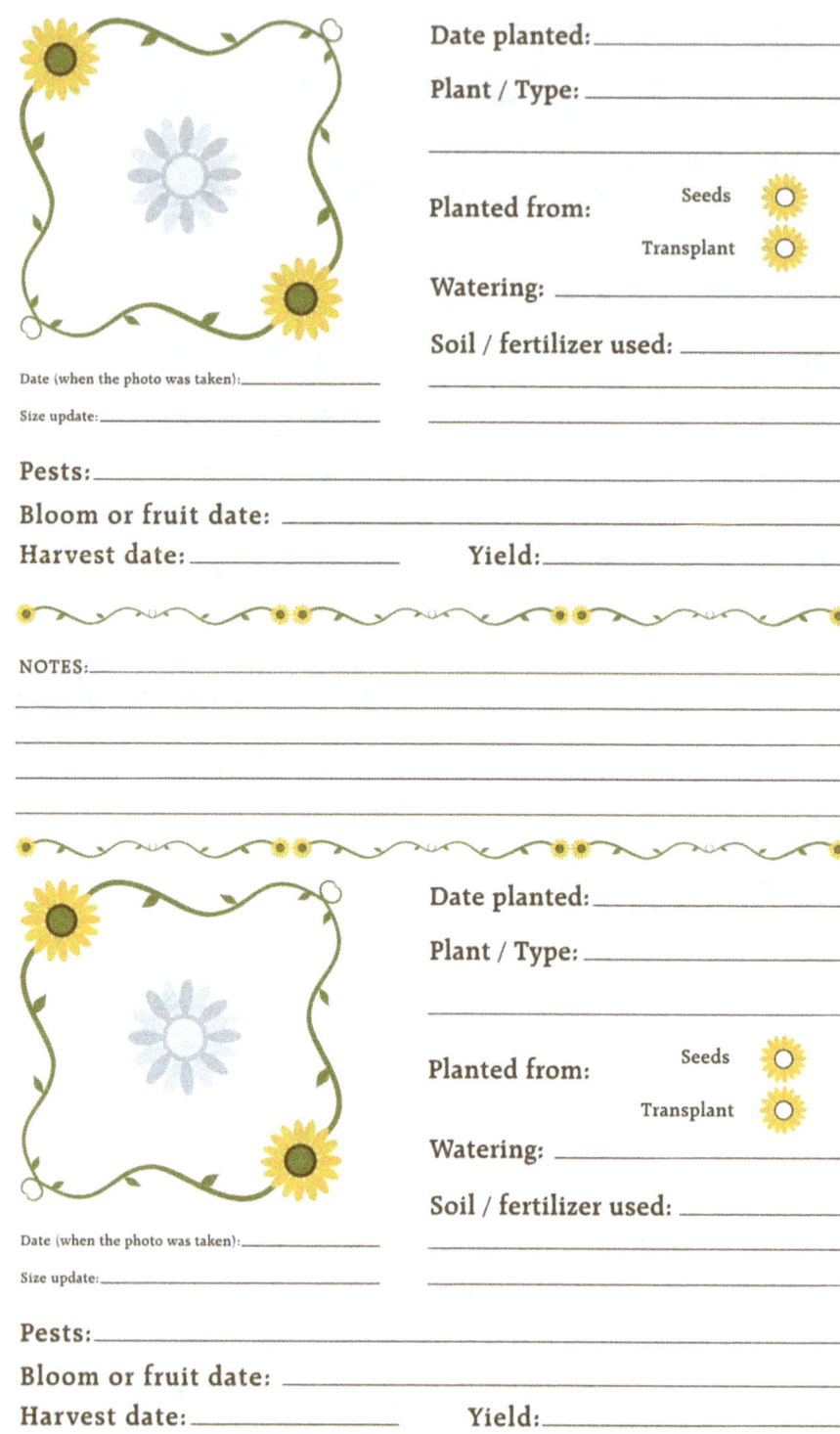

Date planted: _____

Plant / Type: _____

_____

Planted from: Seeds ○
                Transplant ○

Watering: _____

Soil / fertilizer used: _____

_____

Date (when the photo was taken): _____

Size update: _____

Pests: _____

Bloom or fruit date: _____

Harvest date: _____   Yield: _____

NOTES: _____
_____
_____
_____
_____

Date planted: _____

Plant / Type: _____

_____

Planted from: Seeds ○
                Transplant ○

Watering: _____

Soil / fertilizer used: _____

_____

Date (when the photo was taken): _____

Size update: _____

Pests: _____

Bloom or fruit date: _____

Harvest date: _____   Yield: _____

Date planted: _____

Plant / Type: _____

_____

Planted from: Seeds ○

　　　　　　　Transplant ○

Watering: _____

Soil / fertilizer used: _____

_____

_____

Date (when the photo was taken): _____

Size update: _____

Pests: _____

Bloom or fruit date: _____

Harvest date: _____   **Yield:** _____

NOTES: _____
_____
_____
_____
_____

Date planted: _____

Plant / Type: _____

_____

Planted from: Seeds

　　　　　　　Transplant ○

Watering: _____

Soil / fertilizer used: _____

_____

_____

Date (when the photo was taken): _____

Size update: _____

Pests: _____

Bloom or fruit date: _____

Harvest date: _____   **Yield:** _____

Date planted:_____

Plant / Type:_____

_____

Planted from: Seeds   ○
                   Transplant ○

Watering: _____

Soil / fertilizer used: _____

_____

Date (when the photo was taken):_____

Size update:_____

Pests:_____

Bloom or fruit date: _____

Harvest date: _____   Yield:_____

NOTES:_____

_____

_____

_____

_____

Date planted:_____

Plant / Type:_____

_____

Planted from: Seeds   ○
                   Transplant ○

Watering: _____

Soil / fertilizer used: _____

_____

Date (when the photo was taken):_____

Size update:_____

Pests:_____

Bloom or fruit date: _____

Harvest date: _____   Yield:_____

Date planted: _____

Plant / Type: _____

_____

Planted from: Seeds ○

Transplant ○

Watering: _____

Soil / fertilizer used: _____

_____

Date (when the photo was taken): _____

Size update: _____

Pests: _____

Bloom or fruit date: _____

Harvest date: _____   Yield: _____

NOTES: _____
_____
_____
_____

Date planted: _____

Plant / Type: _____

_____

Planted from: Seeds ○

Transplant ○

Watering: _____

Soil / fertilizer used: _____

_____

Date (when the photo was taken): _____

Size update: _____

Pests: _____

Bloom or fruit date: _____

Harvest date: _____   Yield: _____

Date planted: _____

Plant / Type: _____

_____

Planted from: Seeds ○
                       Transplant ○

Watering: _____

Soil / fertilizer used: _____

_____

_____

Date (when the photo was taken): _____

Size update: _____

Pests: _____

Bloom or fruit date: _____

Harvest date: _____   Yield: _____

NOTES: _____
_____
_____
_____
_____

Date planted: _____

Plant / Type: _____

_____

Planted from: Seeds ○
                       Transplant ○

Watering: _____

Soil / fertilizer used: _____

_____

_____

Date (when the photo was taken): _____

Size update: _____

Pests: _____

Bloom or fruit date: _____

Harvest date: _____   Yield: _____

Date planted:_____

Plant / Type:_____

_____

Planted from: Seeds ○
                 Transplant ○

Watering:_____

Soil / fertilizer used:_____
_____
_____

Date (when the photo was taken):_____
Size update:_____

Pests:_____
Bloom or fruit date:_____
Harvest date:_____   Yield:_____

NOTES:_____
_____
_____
_____
_____

Date planted:_____

Plant / Type:_____

_____

Planted from: Seeds ○
                 Transplant ○

Watering:_____

Soil / fertilizer used:_____
_____
_____

Date (when the photo was taken):_____
Size update:_____

Pests:_____
Bloom or fruit date:_____
Harvest date:_____   Yield:_____

Date planted: _____

Plant / Type: _____

_____

Planted from: Seeds ◯

                Transplant ◯

Watering: _____

Soil / fertilizer used: _____

_____

_____

Date (when the photo was taken): _____

Size update: _____

Pests: _____

Bloom or fruit date: _____

Harvest date: _____   Yield: _____

NOTES: _____
_____
_____
_____
_____
_____

Date planted: _____

Plant / Type: _____

_____

Planted from: Seeds ◯

                Transplant ◯

Watering: _____

Soil / fertilizer used: _____

_____

_____

Date (when the photo was taken): _____

Size update: _____

Pests: _____

Bloom or fruit date: _____

Harvest date: _____   Yield: _____

Date planted: _____

Plant / Type: _____

_____

Planted from: Seeds ○
                  Transplant ○

Watering: _____

Soil / fertilizer used: _____

_____

_____

Date (when the photo was taken): _____
Size update: _____

Pests: _____
Bloom or fruit date: _____
Harvest date: _____   Yield: _____

NOTES: _____
_____
_____
_____
_____

Date planted: _____

Plant / Type: _____

_____

Planted from: Seeds ○
                  Transplant ○

Watering: _____

Soil / fertilizer used: _____

_____

_____

Date (when the photo was taken): _____
Size update: _____

Pests: _____
Bloom or fruit date: _____
Harvest date: _____   Yield: _____

Date planted:_____

Plant / Type:_____

_____

Planted from: Seeds ◯
                 Transplant ◯

Watering: _____

Soil / fertilizer used: _____
_____

Date (when the photo was taken):_____
Size update:_____

Pests:_____
Bloom or fruit date: _____
Harvest date: _____ Yield:_____

NOTES:_____
_____
_____
_____
_____

Date planted:_____

Plant / Type:_____

_____

Planted from: Seeds ◯
                 Transplant ◯

Watering: _____

Soil / fertilizer used: _____
_____

Date (when the photo was taken):_____
Size update:_____

Pests:_____
Bloom or fruit date: _____
Harvest date: _____ Yield:_____

Date planted: _____

Plant / Type: _____

_____

Planted from: Seeds ○
                Transplant ○

Watering: _____

Soil / fertilizer used: _____

_____

Date (when the photo was taken): _____

Size update: _____

Pests: _____

Bloom or fruit date: _____

Harvest date: _____   Yield: _____

NOTES: _____
_____
_____
_____
_____

Date planted: _____

Plant / Type: _____

_____

Planted from: Seeds ○
                Transplant ○

Watering: _____

Soil / fertilizer used: _____

_____

Date (when the photo was taken): _____

Size update: _____

Pests: _____

Bloom or fruit date: _____

Harvest date: _____   Yield: _____

Date planted: _____

Plant / Type: _____

_____

Planted from: Seeds ○
                 Transplant ○

Watering: _____

Soil / fertilizer used: _____

_____

_____

Date (when the photo was taken): _____

Size update: _____

Pests: _____

Bloom or fruit date: _____

Harvest date: _____   Yield: _____

NOTES: _____

_____

_____

_____

_____

Date planted: _____

Plant / Type: _____

_____

Planted from: Seeds ○
                 Transplant ○

Watering: _____

Soil / fertilizer used: _____

_____

_____

Date (when the photo was taken): _____

Size update: _____

Pests: _____

Bloom or fruit date: _____

Harvest date: _____   Yield: _____

Date planted:_____

Plant / Type: _____
_____

Planted from: Seeds   ○
                     Transplant ○

Watering: _____

Soil / fertilizer used: _____
_____

Date (when the photo was taken):_____
Size update:_____

Pests:_____
Bloom or fruit date: _____
Harvest date: _____ Yield:_____

NOTES:_____
_____
_____
_____

Date planted:_____

Plant / Type: _____
_____

Planted from: Seeds   ○
                     Transplant ○

Watering: _____

Soil / fertilizer used: _____
_____

Date (when the photo was taken):_____
Size update:_____

Pests:_____
Bloom or fruit date: _____
Harvest date: _____ Yield:_____

Date planted: _____

Plant / Type: _____

_____

Planted from: Seeds ○
                Transplant ○

Watering: _____

Soil / fertilizer used: _____

_____

Date (when the photo was taken): _____

Size update: _____

Pests: _____

Bloom or fruit date: _____

Harvest date: _____   Yield: _____

NOTES: _____
_____
_____
_____
_____

Date planted: _____

Plant / Type: _____

_____

Planted from: Seeds ○
                Transplant ○

Watering: _____

Soil / fertilizer used: _____

_____

Date (when the photo was taken): _____

Size update: _____

Pests: _____

Bloom or fruit date: _____

Harvest date: _____   Yield: _____

Date planted: _____

Plant / Type: _____

_____

Planted from: Seeds ◯

Transplant ◯

Watering: _____

Soil / fertilizer used: _____

_____

_____

Date (when the photo was taken): _____

Size update: _____

Pests: _____

Bloom or fruit date: _____

Harvest date: _____   Yield: _____

NOTES: _____
_____
_____
_____

Date planted: _____

Plant / Type: _____

_____

Planted from: Seeds ◯

Transplant ◯

Watering: _____

Soil / fertilizer used: _____

_____

_____

Date (when the photo was taken): _____

Size update: _____

Pests: _____

Bloom or fruit date: _____

Harvest date: _____   Yield: _____

Date planted: _____

Plant / Type: _____

_____

Planted from: Seeds   ○
                  Transplant ○

Watering: _____

Soil / fertilizer used: _____

_____

Date (when the photo was taken): _____
Size update: _____

Pests: _____
Bloom or fruit date: _____
Harvest date: _____   Yield: _____

NOTES: _____
_____
_____
_____
_____

Date planted: _____

Plant / Type: _____

_____

Planted from: Seeds   ○
                  Transplant ○

Watering: _____

Soil / fertilizer used: _____

_____

Date (when the photo was taken): _____
Size update: _____

Pests: _____
Bloom or fruit date: _____
Harvest date: _____   Yield: _____

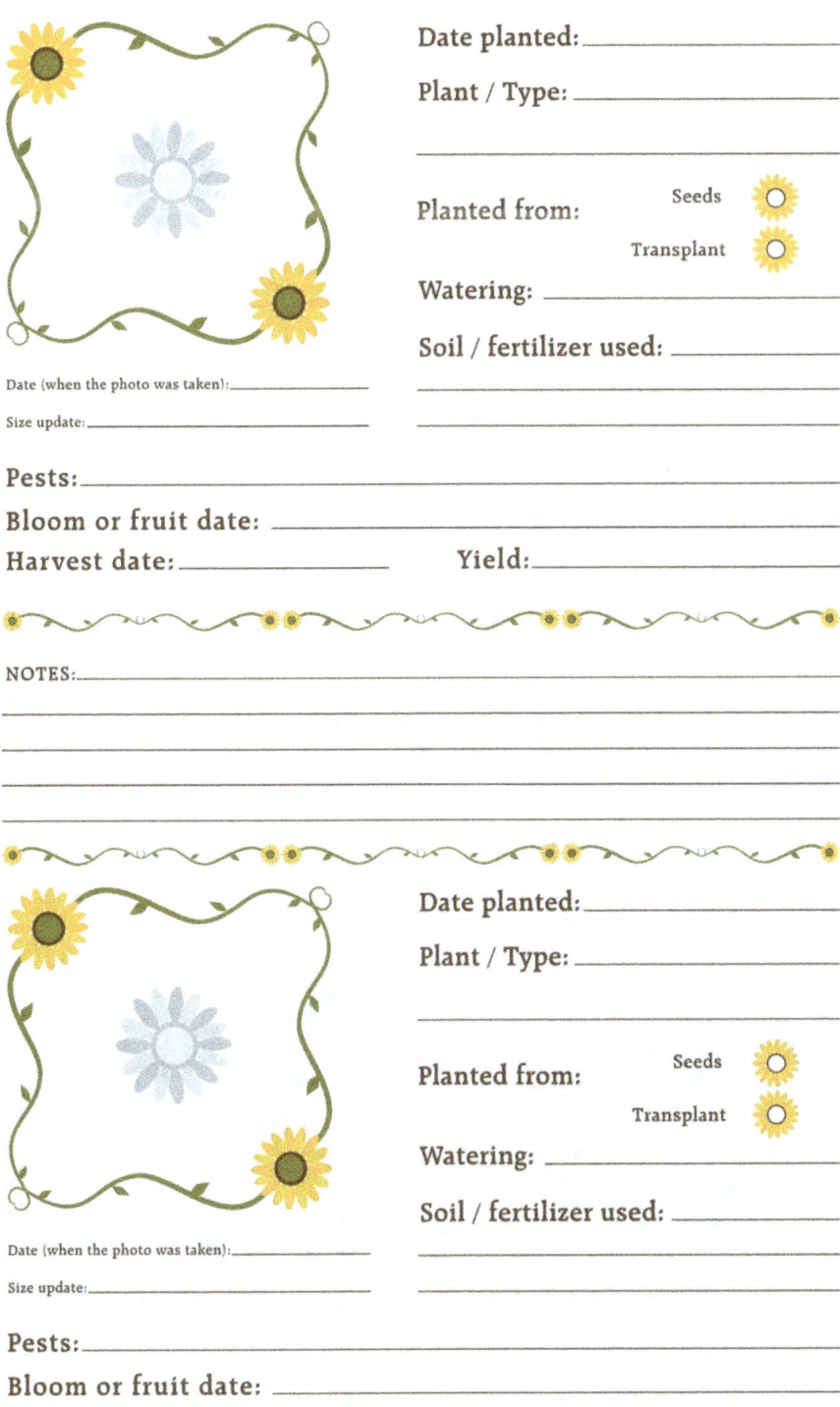

Date planted: _____

Plant / Type: _____

_____

Planted from: Seeds ◯
                   Transplant ◯

Watering: _____

Soil / fertilizer used: _____
_____
_____

Date (when the photo was taken): _____
Size update: _____

Pests: _____
Bloom or fruit date: _____
Harvest date: _____   Yield: _____

NOTES: _____
_____
_____
_____
_____
_____

Date planted: _____

Plant / Type: _____

_____

Planted from: Seeds ◯
                   Transplant ◯

Watering: _____

Soil / fertilizer used: _____
_____
_____

Date (when the photo was taken): _____
Size update: _____

Pests: _____
Bloom or fruit date: _____
Harvest date: _____   Yield: _____

Date planted: _____

Plant / Type: _____
_____

Planted from: Seeds ○
                 Transplant ○

Watering: _____

Soil / fertilizer used: _____
_____

Date (when the photo was taken): _____
Size update: _____

Pests: _____
Bloom or fruit date: _____
Harvest date: _____   Yield: _____

NOTES: _____
_____
_____
_____
_____

Date planted: _____

Plant / Type: _____
_____

Planted from: Seeds ○
                 Transplant ○

Watering: _____

Soil / fertilizer used: _____
_____

Date (when the photo was taken): _____
Size update: _____

Pests: _____
Bloom or fruit date: _____
Harvest date: _____   Yield: _____

Date planted: _____

Plant / Type: _____

_____

Planted from: Seeds ○
                  Transplant ○

Watering: _____

Soil / fertilizer used: _____

_____

_____

Date (when the photo was taken): _____

Size update: _____

Pests: _____

Bloom or fruit date: _____

Harvest date: _____   Yield: _____

NOTES: _____
_____
_____
_____
_____

Date planted: _____

Plant / Type: _____

_____

Planted from: Seeds ○
                  Transplant ○

Watering: _____

Soil / fertilizer used: _____

_____

_____

Date (when the photo was taken): _____

Size update: _____

Pests: _____

Bloom or fruit date: _____

Harvest date: _____   Yield: _____

Date planted: _____

Plant / Type: _____

_____

Planted from: Seeds ○

                 Transplant ○

Watering: _____

Soil / fertilizer used: _____

_____

Date (when the photo was taken): _____

Size update: _____

Pests: _____

Bloom or fruit date: _____

Harvest date: _____   Yield: _____

NOTES: _____
_____
_____
_____
_____
_____

Date planted: _____

Plant / Type: _____

_____

Planted from: Seeds ○

                 Transplant ○

Watering: _____

Soil / fertilizer used: _____

_____

Date (when the photo was taken): _____

Size update: _____

Pests: _____

Bloom or fruit date: _____

Harvest date: _____   Yield: _____

Date (when the photo was taken): _____

Size update: _____

Date planted: _____

Plant / Type: _____

Planted from: Seeds ○
                 Transplant ○

Watering: _____

Soil / fertilizer used: _____

Pests: _____

Bloom or fruit date: _____

Harvest date: _____   Yield: _____

NOTES: _____
_____
_____
_____

Date (when the photo was taken): _____

Size update: _____

Date planted: _____

Plant / Type: _____

Planted from: Seeds ○
                 Transplant ○

Watering: _____

Soil / fertilizer used: _____

Pests: _____

Bloom or fruit date: _____

Harvest date: _____   Yield: _____

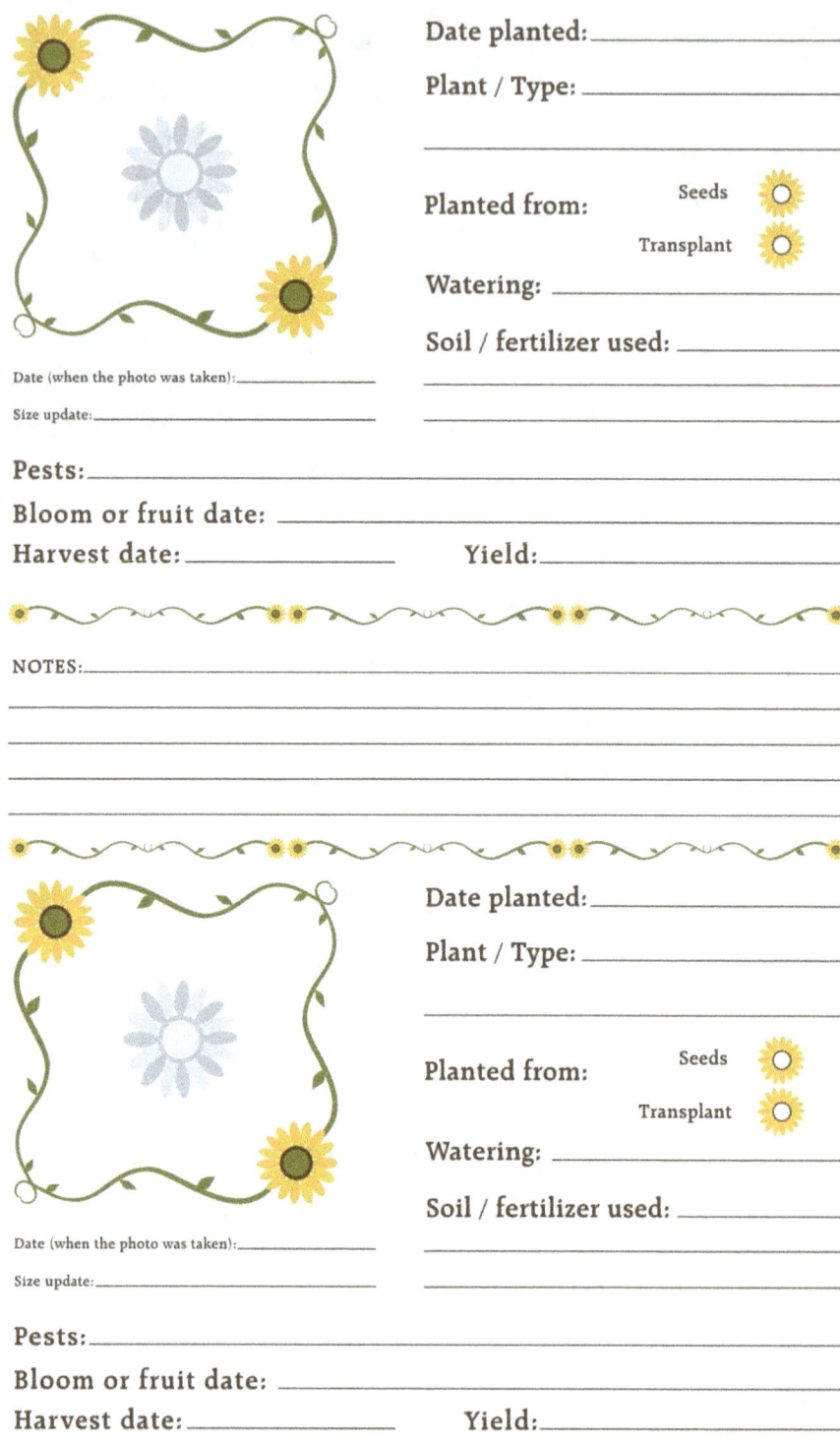

Date planted: _____

Plant / Type: _____

_____

Planted from: Seeds ○

Transplant ○

Watering: _____

Soil / fertilizer used: _____

_____

Date (when the photo was taken): _____

Size update: _____

Pests: _____

Bloom or fruit date: _____

Harvest date: _____   Yield: _____

NOTES: _____

_____

_____

_____

_____

_____

Date planted: _____

Plant / Type: _____

_____

Planted from: Seeds ○

Transplant ○

Watering: _____

Soil / fertilizer used: _____

_____

Date (when the photo was taken): _____

Size update: _____

Pests: _____

Bloom or fruit date: _____

Harvest date: _____   Yield: _____

Date planted: _____

Plant / Type: _____

_____

Planted from: Seeds ○
                Transplant ○

Watering: _____

Soil / fertilizer used: _____

_____

Date (when the photo was taken): _____
Size update: _____

Pests: _____
Bloom or fruit date: _____
Harvest date: _____   Yield: _____

NOTES: _____
_____
_____
_____
_____

Date planted: _____

Plant / Type: _____

_____

Planted from: Seeds ○
                Transplant ○

Watering: _____

Soil / fertilizer used: _____

_____

Date (when the photo was taken): _____
Size update: _____

Pests: _____
Bloom or fruit date: _____
Harvest date: _____   Yield: _____

Date planted: _____

Plant / Type: _____

_____

Planted from: Seeds ○

                     Transplant ○

Watering: _____

Soil / fertilizer used: _____

_____

_____

Date (when the photo was taken): _____

Size update: _____

Pests: _____

Bloom or fruit date: _____

Harvest date: _____   Yield: _____

NOTES: _____
_____
_____
_____
_____

Date planted: _____

Plant / Type: _____

_____

Planted from: Seeds ○

                     Transplant ○

Watering: _____

Soil / fertilizer used: _____

_____

Date (when the photo was taken): _____

Size update: _____

Pests: _____

Bloom or fruit date: _____

Harvest date: _____   Yield: _____

Date planted: _____

Plant / Type: _____
_____

Planted from: Seeds ⚪
                  Transplant ⚪

Watering: _____

Soil / fertilizer used: _____
_____
_____

Date (when the photo was taken): _____

Size update: _____

Pests: _____

Bloom or fruit date: _____

Harvest date: _____   Yield: _____

NOTES: _____
_____
_____
_____
_____

Date planted: _____

Plant / Type: _____
_____

Planted from: Seeds ⚪
                  Transplant ⚪

Watering: _____

Soil / fertilizer used: _____
_____
_____

Date (when the photo was taken): _____

Size update: _____

Pests: _____

Bloom or fruit date: _____

Harvest date: _____   Yield: _____

Date planted: _____

Plant / Type: _____

_____

Planted from: Seeds ○

                  Transplant ○

Watering: _____

Soil / fertilizer used: _____

_____

Date (when the photo was taken): _____

Size update: _____

Pests: _____

Bloom or fruit date: _____

Harvest date: _____   Yield: _____

NOTES: _____
_____
_____
_____
_____

Date planted: _____

Plant / Type: _____

_____

Planted from: Seeds ○

                  Transplant ○

Watering: _____

Soil / fertilizer used: _____

_____

Date (when the photo was taken): _____

Size update: _____

Pests: _____

Bloom or fruit date: _____

Harvest date: _____   Yield: _____

Date planted: _____

Plant / Type: _____

_____

Planted from: Seeds   ◯
                  Transplant   ◯

Watering: _____

Soil / fertilizer used: _____

_____

_____

Date (when the photo was taken): _____

Size update: _____

Pests: _____

Bloom or fruit date: _____

Harvest date: _____   Yield: _____

NOTES: _____
_____
_____
_____
_____

Date planted: _____

Plant / Type: _____

_____

Planted from: Seeds   ◯
                  Transplant   ◯

Watering: _____

Soil / fertilizer used: _____

_____

_____

Date (when the photo was taken): _____

Size update: _____

Pests: _____

Bloom or fruit date: _____

Harvest date: _____   Yield: _____

Date planted: _____

Plant / Type: _____

_____

Planted from: Seeds ○
                Transplant ○

Watering: _____

Soil / fertilizer used: _____

_____

_____

Date (when the photo was taken): _____

Size update: _____

Pests: _____

Bloom or fruit date: _____

Harvest date: _____   Yield: _____

NOTES: _____
_____
_____
_____
_____

Date planted: _____

Plant / Type: _____

_____

Planted from: Seeds ○
                Transplant ○

Watering: _____

Soil / fertilizer used: _____

_____

_____

Date (when the photo was taken): _____

Size update: _____

Pests: _____

Bloom or fruit date: _____

Harvest date: _____   Yield: _____

Date planted: _____

Plant / Type: _____

_____

Planted from: Seeds   ○
                 Transplant ○

Watering: _____

Soil / fertilizer used: _____

_____

Date (when the photo was taken): _____

Size update: _____

Pests: _____

Bloom or fruit date: _____

Harvest date: _____   Yield: _____

NOTES: _____
_____
_____
_____
_____

Date planted: _____

Plant / Type: _____

_____

Planted from: Seeds   ○
                 Transplant ○

Watering: _____

Soil / fertilizer used: _____

_____

Date (when the photo was taken): _____

Size update: _____

Pests: _____

Bloom or fruit date: _____

Harvest date: _____   Yield: _____

Date planted: _____

Plant / Type: _____

_____

Planted from: Seeds ⚪

                  Transplant ⚪

Watering: _____

Soil / fertilizer used: _____

_____

Date (when the photo was taken): _____

Size update: _____

Pests: _____

Bloom or fruit date: _____

Harvest date: _____   Yield: _____

NOTES: _____
_____
_____
_____
_____

Date planted: _____

Plant / Type: _____

_____

Planted from: Seeds ⚪

                  Transplant ⚪

Watering: _____

Soil / fertilizer used: _____

_____

Date (when the photo was taken): _____

Size update: _____

Pests: _____

Bloom or fruit date: _____

Harvest date: _____   Yield: _____

Date planted:_____

Plant / Type:_____

_____

Planted from: Seeds ○
                 Transplant ○

Watering:_____

Soil / fertilizer used:_____

_____

Date (when the photo was taken):_____

Size update:_____

Pests:_____

Bloom or fruit date:_____

Harvest date:_____   Yield:_____

NOTES:_____
_____
_____
_____
_____

Date planted:_____

Plant / Type:_____

_____

Planted from: Seeds ○
                 Transplant ○

Watering:_____

Soil / fertilizer used:_____

_____

Date (when the photo was taken):_____

Size update:_____

Pests:_____

Bloom or fruit date:_____

Harvest date:_____   Yield:_____

Date planted: _____

Plant / Type: _____

_____

Planted from: _____ Seeds ⊙

⠀⠀⠀⠀⠀⠀⠀⠀⠀⠀⠀⠀Transplant ⊙

Watering: _____

Soil / fertilizer used: _____

_____

Date (when the photo was taken): _____

Size update: _____

Pests: _____

Bloom or fruit date: _____

Harvest date: _____   Yield: _____

NOTES: _____
_____
_____
_____
_____

Date planted: _____

Plant / Type: _____

_____

Planted from: _____ Seeds ⊙

⠀⠀⠀⠀⠀⠀⠀⠀⠀⠀⠀⠀Transplant ⊙

Watering: _____

Soil / fertilizer used: _____

_____

Date (when the photo was taken): _____

Size update: _____

Pests: _____

Bloom or fruit date: _____

Harvest date: _____   Yield: _____

Date planted: _____

Plant / Type: _____

_____

Planted from: Seeds ○
                 Transplant ○

Watering: _____

Soil / fertilizer used: _____

_____

Date (when the photo was taken): _____
Size update: _____

Pests: _____
Bloom or fruit date: _____
Harvest date: _____   Yield: _____

NOTES: _____
_____
_____
_____
_____

Date planted: _____

Plant / Type: _____

_____

Planted from: Seeds ○
                 Transplant ○

Watering: _____

Soil / fertilizer used: _____

_____

Date (when the photo was taken): _____
Size update: _____

Pests: _____
Bloom or fruit date: _____
Harvest date: _____   Yield: _____

Date planted:_____

Plant / Type:_____

_____

Planted from: Seeds ◯

                   Transplant ◯

Watering: _____

Soil / fertilizer used: _____

_____

Date (when the photo was taken):_____

Size update:_____

Pests:_____

Bloom or fruit date: _____

Harvest date: _____   Yield:_____

NOTES:_____
_____
_____
_____
_____
_____

Date planted:_____

Plant / Type:_____

_____

Planted from: Seeds ◯

                   Transplant ◯

Watering: _____

Soil / fertilizer used: _____

_____

Date (when the photo was taken):_____

Size update:_____

Pests:_____

Bloom or fruit date: _____

Harvest date: _____   Yield:_____

Date planted: _____

Plant / Type: _____

_____

Planted from: Seeds ○
                    Transplant ○

Watering: _____

Soil / fertilizer used: _____
_____
_____

Date (when the photo was taken): _____
Size update: _____

Pests: _____
Bloom or fruit date: _____
Harvest date: _____   Yield: _____

NOTES: _____
_____
_____
_____
_____
_____

Date planted: _____

Plant / Type: _____

_____

Planted from: Seeds ○
                    Transplant ○

Watering: _____

Soil / fertilizer used: _____
_____
_____

Date (when the photo was taken): _____
Size update: _____

Pests: _____
Bloom or fruit date: _____
Harvest date: _____   Yield: _____

Date planted: _____

Plant / Type: _____

Planted from: Seeds ⊙
                 Transplant ⊙

Watering: _____

Soil / fertilizer used: _____

_____

_____

Date (when the photo was taken): _____

Size update: _____

Pests: _____

Bloom or fruit date: _____

Harvest date: _____   Yield: _____

NOTES: _____

_____

_____

_____

Date planted: _____

Plant / Type: _____

Planted from: Seeds ⊙
                 Transplant ⊙

Watering: _____

Soil / fertilizer used: _____

_____

_____

Date (when the photo was taken): _____

Size update: _____

Pests: _____

Bloom or fruit date: _____

Harvest date: _____   Yield: _____

Date planted:_____

Plant / Type:_____

_____

Planted from: Seeds ○
                 Transplant ○

Watering:_____

Soil / fertilizer used:_____
_____
_____

Date (when the photo was taken):_____

Size update:_____

Pests:_____

Bloom or fruit date: _____

Harvest date:_____   Yield:_____

NOTES:_____
_____
_____
_____
_____

Date planted:_____

Plant / Type:_____

_____

Planted from: Seeds ○
                 Transplant ○

Watering:_____

Soil / fertilizer used:_____
_____
_____

Date (when the photo was taken):_____

Size update:_____

Pests:_____

Bloom or fruit date: _____

Harvest date:_____   Yield:_____

Date planted: _____

Plant / Type: _____

_____

Planted from: Seeds ○
                Transplant ○

Watering: _____

Soil / fertilizer used: _____
_____
_____

Date (when the photo was taken): _____

Size update: _____

Pests: _____

Bloom or fruit date: _____

Harvest date: _____ Yield: _____

NOTES: _____
_____
_____
_____
_____

Date planted: _____

Plant / Type: _____

_____

Planted from: Seeds ○
                Transplant ○

Watering: _____

Soil / fertilizer used: _____
_____
_____

Date (when the photo was taken): _____

Size update: _____

Pests: _____

Bloom or fruit date: _____

Harvest date: _____ Yield: _____

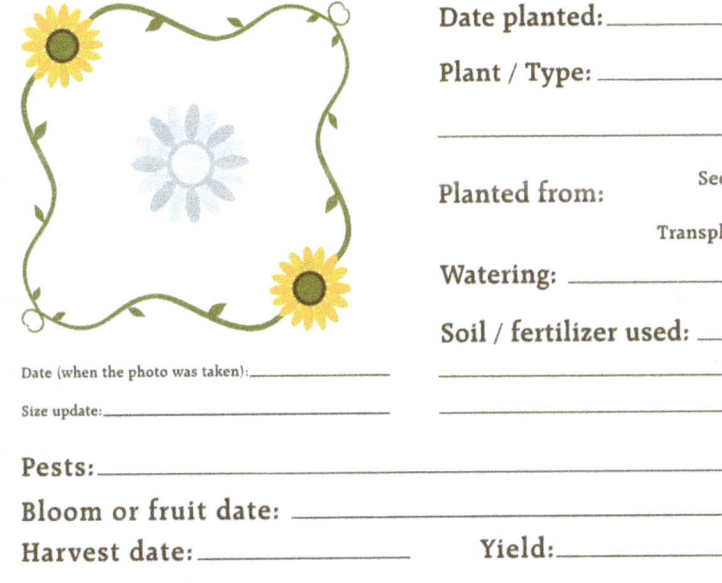

Date planted: _____

Plant / Type: _____

_____

Planted from: Seeds   ◯
                  Transplant   ◯

Watering: _____

Soil / fertilizer used: _____

_____

_____

Date (when the photo was taken): _____

Size update: _____

Pests: _____

Bloom or fruit date: _____

Harvest date: _____   Yield: _____

NOTES: _____
_____
_____
_____
_____

Date planted: _____

Plant / Type: _____

_____

Planted from: Seeds   ◯
                  Transplant   ◯

Watering: _____

Soil / fertilizer used: _____

_____

_____

Date (when the photo was taken): _____

Size update: _____

Pests: _____

Bloom or fruit date: _____

Harvest date: _____   Yield: _____

Date planted: _____

Plant / Type: _____
_____

Planted from: Seeds ○
                     Transplant ○

Watering: _____

Soil / fertilizer used: _____
_____
_____

Date (when the photo was taken): _____
Size update: _____

Pests: _____
Bloom or fruit date: _____
Harvest date: _____   Yield: _____

NOTES: _____
_____
_____
_____
_____

Date planted: _____

Plant / Type: _____
_____

Planted from: Seeds ○
                     Transplant ○

Watering: _____

Soil / fertilizer used: _____
_____
_____

Date (when the photo was taken): _____
Size update: _____

Pests: _____
Bloom or fruit date: _____
Harvest date: _____   Yield: _____

Date planted: _____

Plant / Type: _____
_____

Planted from: Seeds ○
                Transplant ○

Watering: _____

Soil / fertilizer used: _____
_____
_____

Date (when the photo was taken): _____

Size update: _____

Pests: _____

Bloom or fruit date: _____

Harvest date: _____   Yield: _____

NOTES: _____
_____
_____
_____
_____

Date planted: _____

Plant / Type: _____
_____

Planted from: Seeds ○
                Transplant ○

Watering: _____

Soil / fertilizer used: _____
_____
_____

Date (when the photo was taken): _____

Size update: _____

Pests: _____

Bloom or fruit date: _____

Harvest date: _____   Yield: _____

Date planted: _____

Plant / Type: _____

_____

Planted from: Seeds ○
                  Transplant ○

Watering: _____

Soil / fertilizer used: _____

_____

Date (when the photo was taken): _____

Size update: _____

Pests: _____

Bloom or fruit date: _____

Harvest date: _____   Yield: _____

NOTES: _____
_____
_____
_____
_____

Date planted: _____

Plant / Type: _____

_____

Planted from: Seeds ○
                  Transplant ○

Watering: _____

Soil / fertilizer used: _____

_____

Date (when the photo was taken): _____

Size update: _____

Pests: _____

Bloom or fruit date: _____

Harvest date: _____   Yield: _____

Date planted: _____

Plant / Type: _____

_____

Planted from: Seeds ○
                 Transplant ○

Watering: _____

Soil / fertilizer used: _____

_____

Date (when the photo was taken): _____

Size update: _____

Pests: _____
Bloom or fruit date: _____
Harvest date: _____   Yield: _____

NOTES: _____
_____
_____
_____

Date planted: _____

Plant / Type: _____

_____

Planted from: Seeds ○
                 Transplant ○

Watering: _____

Soil / fertilizer used: _____

_____

Date (when the photo was taken): _____

Size update: _____

Pests: _____
Bloom or fruit date: _____
Harvest date: _____   Yield: _____

Date planted: _____

Plant / Type: _____

_____

Planted from: Seeds   ○
                  Transplant ○

Watering: _____

Soil / fertilizer used: _____
_____
_____

Date (when the photo was taken): _____

Size update: _____

Pests: _____

Bloom or fruit date: _____

Harvest date: _____   Yield: _____

NOTES: _____
_____
_____
_____
_____

Date planted: _____

Plant / Type: _____

_____

Planted from: Seeds   ○
                  Transplant ○

Watering: _____

Soil / fertilizer used: _____
_____
_____

Date (when the photo was taken): _____

Size update: _____

Pests: _____

Bloom or fruit date: _____

Harvest date: _____   Yield: _____

Date planted: _____

Plant / Type: _____

_____

Planted from: Seeds ○

                 Transplant ○

Watering: _____

Soil / fertilizer used: _____

_____

_____

Date (when the photo was taken): _____

Size update: _____

Pests: _____

Bloom or fruit date: _____

Harvest date: _____   Yield: _____

NOTES: _____
_____
_____
_____
_____

Date planted: _____

Plant / Type: _____

_____

Planted from: Seeds ○

                 Transplant ○

Watering: _____

Soil / fertilizer used: _____

_____

_____

Date (when the photo was taken): _____

Size update: _____

Pests: _____

Bloom or fruit date: _____

Harvest date: _____   Yield: _____

Date planted: _____

Plant / Type: _____

_____

Planted from: Seeds ○

                 Transplant ○

Watering: _____

Soil / fertilizer used: _____

_____

Date (when the photo was taken): _____

Size update: _____

Pests: _____

Bloom or fruit date: _____

Harvest date: _____ Yield: _____

NOTES: _____
_____
_____
_____
_____

Date planted: _____

Plant / Type: _____

_____

Planted from: Seeds ○

                 Transplant ○

Watering: _____

Soil / fertilizer used: _____

_____

Date (when the photo was taken): _____

Size update: _____

Pests: _____

Bloom or fruit date: _____

Harvest date: _____ Yield: _____

Date planted: _____

Plant / Type: _____

_____

Planted from: Seeds ○
                    Transplant ○

Watering: _____

Soil / fertilizer used: _____
_____
_____

Date (when the photo was taken): _____
Size update: _____

Pests: _____
Bloom or fruit date: _____
Harvest date: _____   Yield: _____

NOTES: _____
_____
_____
_____
_____

Date planted: _____

Plant / Type: _____

_____

Planted from: Seeds ○
                    Transplant ○

Watering: _____

Soil / fertilizer used: _____
_____
_____

Date (when the photo was taken): _____
Size update: _____

Pests: _____
Bloom or fruit date: _____
Harvest date: _____   Yield: _____

Date planted: _____

Plant / Type: _____
_____

Planted from: Seeds ○
                Transplant ○

Watering: _____

Soil / fertilizer used: _____
_____
_____

Date (when the photo was taken): _____
Size update: _____

Pests: _____
Bloom or fruit date: _____
Harvest date: _____   Yield: _____

NOTES: _____
_____
_____
_____
_____

Date planted: _____

Plant / Type: _____
_____

Planted from: Seeds ○
                Transplant ○

Watering: _____

Soil / fertilizer used: _____
_____
_____

Date (when the photo was taken): _____
Size update: _____

Pests: _____
Bloom or fruit date: _____
Harvest date: _____   Yield: _____

Date planted:_____

Plant / Type:_____

_____

Planted from: Seeds   ◯
                   Transplant ◯

Watering:_____

Soil / fertilizer used:_____

Date (when the photo was taken):_____   _____

Size update:_____   _____

Pests:_____

Bloom or fruit date: _____

Harvest date:_____   Yield:_____

NOTES:_____
_____
_____
_____
_____

Date planted:_____

Plant / Type:_____

_____

Planted from: Seeds   ◯
                   Transplant ◯

Watering:_____

Soil / fertilizer used:_____

Date (when the photo was taken):_____   _____

Size update:_____   _____

Pests:_____

Bloom or fruit date: _____

Harvest date:_____   Yield:_____

Date planted: _____

Plant / Type: _____

_____

Planted from: Seeds ○
                 Transplant ○

Watering: _____

Soil / fertilizer used: _____

_____

Date (when the photo was taken): _____

Size update: _____

Pests: _____

Bloom or fruit date: _____

Harvest date: _____ Yield: _____

NOTES: _____
_____
_____
_____
_____

Date planted: _____

Plant / Type: _____

_____

Planted from: Seeds ○
                 Transplant ○

Watering: _____

Soil / fertilizer used: _____

_____

Date (when the photo was taken): _____

Size update: _____

Pests: _____

Bloom or fruit date: _____

Harvest date: _____ Yield: _____

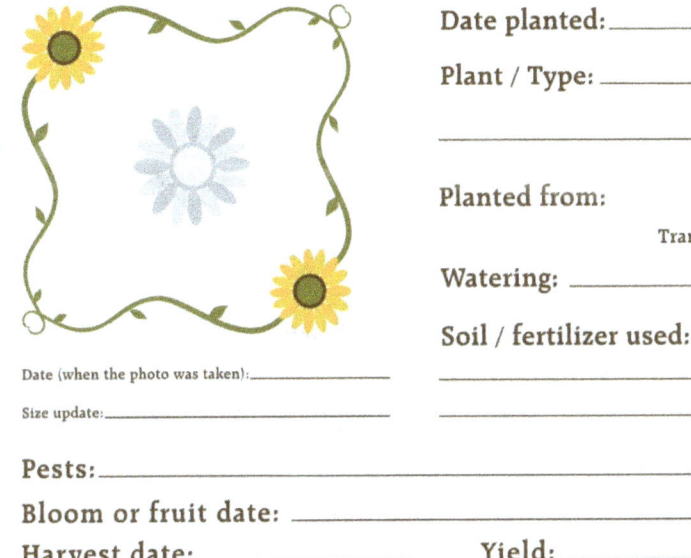

Date planted: _____

Plant / Type: _____

_____

Planted from: Seeds ○
                  Transplant ○

Watering: _____

Soil / fertilizer used: _____

_____

Date (when the photo was taken): _____

Size update: _____

Pests: _____

Bloom or fruit date: _____

Harvest date: _____   Yield: _____

NOTES: _____
_____
_____
_____

Date planted: _____

Plant / Type: _____

_____

Planted from: Seeds ○
                  Transplant ○

Watering: _____

Soil / fertilizer used: _____

_____

Date (when the photo was taken): _____

Size update: _____

Pests: _____

Bloom or fruit date: _____

Harvest date: _____   Yield: _____

Date planted: _____

Plant / Type: _____
_____

Planted from: Seeds ○
                  Transplant ○

Watering: _____

Soil / fertilizer used: _____
_____
_____

Date (when the photo was taken): _____
Size update: _____

Pests: _____
Bloom or fruit date: _____
Harvest date: _____   Yield: _____

NOTES: _____
_____
_____
_____
_____

Date planted: _____

Plant / Type: _____
_____

Planted from: Seeds ○
                  Transplant ○

Watering: _____

Soil / fertilizer used: _____
_____
_____

Date (when the photo was taken): _____
Size update: _____

Pests: _____
Bloom or fruit date: _____
Harvest date: _____   Yield: _____

Date planted:_____

Plant / Type: _____

Planted from: Seeds ○
                Transplant ○

Watering: _____

Soil / fertilizer used: _____

Date (when the photo was taken):_____

Size update:_____

Pests:_____

Bloom or fruit date: _____

Harvest date: _____   Yield:_____

NOTES:_____

_____

_____

_____

_____

Date planted:_____

Plant / Type: _____

Planted from: Seeds ○
                Transplant ○

Watering: _____

Soil / fertilizer used: _____

Date (when the photo was taken):_____

Size update:_____

Pests:_____

Bloom or fruit date: _____

Harvest date: _____   Yield:_____

Date planted: _____

Plant / Type: _____

_____

Planted from: Seeds   ○

　　　　　　　 Transplant ○

Watering: _____

Soil / fertilizer used: _____

_____

Date (when the photo was taken): _____

Size update: _____

Pests: _____

Bloom or fruit date: _____

Harvest date: _____   Yield: _____

NOTES: _____

_____

_____

_____

_____

Date planted: _____

Plant / Type: _____

_____

Planted from: Seeds   ○

　　　　　　　 Transplant ○

Watering: _____

Soil / fertilizer used: _____

_____

Date (when the photo was taken): _____

Size update: _____

Pests: _____

Bloom or fruit date: _____

Harvest date: _____   Yield: _____

Date planted: _____

Plant / Type: _____
_____

Planted from: Seeds ○
                 Transplant ○

Watering: _____

Soil / fertilizer used: _____
_____

Date (when the photo was taken): _____
Size update: _____

Pests: _____
Bloom or fruit date: _____
Harvest date: _____ Yield: _____

NOTES: _____
_____
_____
_____
_____

Date planted: _____

Plant / Type: _____
_____

Planted from: Seeds ○
                 Transplant ○

Watering: _____

Soil / fertilizer used: _____
_____

Date (when the photo was taken): _____
Size update: _____

Pests: _____
Bloom or fruit date: _____
Harvest date: _____ Yield: _____

Date planted: _____

Plant / Type: _____

_____

Planted from: Seeds ○
                 Transplant ○

Watering: _____

Soil / fertilizer used: _____

_____

Date (when the photo was taken): _____

Size update: _____

Pests: _____

Bloom or fruit date: _____

Harvest date: _____ Yield: _____

NOTES: _____
_____
_____
_____
_____

Date planted: _____

Plant / Type: _____

_____

Planted from: Seeds ○
                 Transplant ○

Watering: _____

Soil / fertilizer used: _____

_____

Date (when the photo was taken): _____

Size update: _____

Pests: _____

Bloom or fruit date: _____

Harvest date: _____ Yield: _____

Date planted: _____

Plant / Type: _____

Planted from: Seeds ○
                Transplant ○

Watering: _____

Soil / fertilizer used: _____

Date (when the photo was taken): _____
Size update: _____

Pests: _____
Bloom or fruit date: _____
Harvest date: _____   Yield: _____

NOTES: _____
_____
_____
_____
_____

Date planted: _____

Plant / Type: _____

Planted from: Seeds ○
                Transplant ○

Watering: _____

Soil / fertilizer used: _____

Date (when the photo was taken): _____
Size update: _____

Pests: _____
Bloom or fruit date: _____
Harvest date: _____   Yield: _____

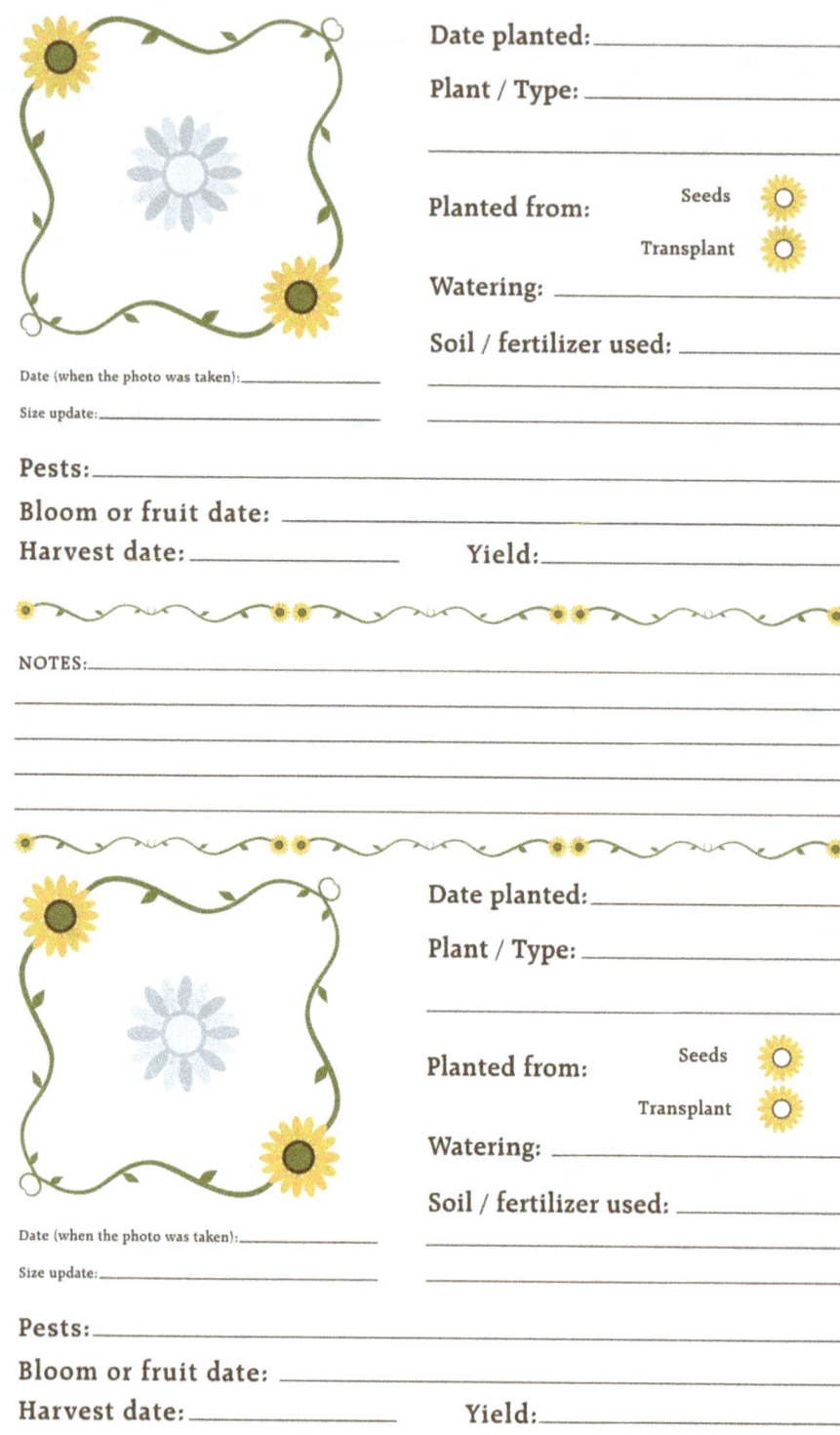

Date (when the photo was taken):_____
Size update:_____

Date planted:_____
Plant / Type:_____
_____

Planted from: Seeds ○
                    Transplant ○

Watering:_____
Soil / fertilizer used:_____
_____
_____

Pests:_____
Bloom or fruit date:_____
Harvest date:_____   Yield:_____

NOTES:_____
_____
_____
_____
_____
_____

Date (when the photo was taken):_____
Size update:_____

Date planted:_____
Plant / Type:_____
_____

Planted from: Seeds ○
                    Transplant ○

Watering:_____
Soil / fertilizer used:_____
_____
_____

Pests:_____
Bloom or fruit date:_____
Harvest date:_____   Yield:_____

Date planted: _____

Plant / Type: _____

_____

Planted from: Seeds ○
               Transplant ○

Watering: _____

Soil / fertilizer used: _____

_____

Date (when the photo was taken): _____

Size update: _____

Pests: _____

Bloom or fruit date: _____

Harvest date: _____ Yield: _____

NOTES: _____
_____
_____
_____
_____

Date planted: _____

Plant / Type: _____

_____

Planted from: Seeds ○
               Transplant ○

Watering: _____

Soil / fertilizer used: _____

_____

Date (when the photo was taken): _____

Size update: _____

Pests: _____

Bloom or fruit date: _____

Harvest date: _____ Yield: _____

Date planted: _____

Plant / Type: _____

_____

Planted from: Seeds ○
              Transplant ○

Watering: _____

Soil / fertilizer used: _____

_____

Date (when the photo was taken): _____
Size update: _____

Pests: _____
Bloom or fruit date: _____
Harvest date: _____   Yield: _____

NOTES: _____
_____
_____
_____
_____

Date planted: _____

Plant / Type: _____

_____

Planted from: Seeds ○
              Transplant ○

Watering: _____

Soil / fertilizer used: _____

_____

Date (when the photo was taken): _____
Size update: _____

Pests: _____
Bloom or fruit date: _____
Harvest date: _____   Yield: _____

Date planted: _____

Plant / Type: _____

Planted from: Seeds ⚪
                 Transplant ⚪

Watering: _____

Soil / fertilizer used: _____

Date (when the photo was taken): _____
Size update: _____

Pests: _____
Bloom or fruit date: _____
Harvest date: _____   Yield: _____

NOTES: _____
_____
_____
_____
_____

Date planted: _____

Plant / Type: _____

Planted from: Seeds ⚪
                 Transplant ⚪

Watering: _____

Soil / fertilizer used: _____

Date (when the photo was taken): _____
Size update: _____

Pests: _____
Bloom or fruit date: _____
Harvest date: _____   Yield: _____

Date planted: _____

Plant / Type: _____

_____

Planted from:　　　Seeds ○

　　　　　　　　　Transplant ○

Watering: _____

Soil / fertilizer used: _____

_____

Date (when the photo was taken): _____

Size update: _____

Pests: _____

Bloom or fruit date: _____

Harvest date: _____　　**Yield:** _____

NOTES: _____

_____

_____

_____

_____

Date planted: _____

Plant / Type: _____

_____

Planted from:　　　Seeds ○

　　　　　　　　　Transplant ○

Watering: _____

Soil / fertilizer used: _____

_____

Date (when the photo was taken): _____

Size update: _____

Pests: _____

Bloom or fruit date: _____

Harvest date: _____　　**Yield:** _____

Date planted: _____

Plant / Type: _____
_____

Planted from: Seeds ○
              Transplant ○

Watering: _____

Soil / fertilizer used: _____
_____
_____

Date (when the photo was taken): _____
Size update: _____

Pests: _____
Bloom or fruit date: _____
Harvest date: _____   Yield: _____

NOTES: _____
_____
_____
_____
_____

Date planted: _____

Plant / Type: _____
_____

Planted from: Seeds ○
              Transplant ○

Watering: _____

Soil / fertilizer used: _____
_____
_____

Date (when the photo was taken): _____
Size update: _____

Pests: _____
Bloom or fruit date: _____
Harvest date: _____   Yield: _____

Date planted:_____

Plant / Type:_____

_____

Planted from: Seeds ◯
                 Transplant ◯

Watering: _____

Soil / fertilizer used: _____
_____
_____

Date (when the photo was taken):_____
Size update:_____

Pests:_____
Bloom or fruit date: _____
Harvest date: _____   Yield:_____

NOTES:_____
_____
_____
_____
_____
_____

Date planted:_____

Plant / Type:_____

_____

Planted from: Seeds ◯
                 Transplant ◯

Watering: _____

Soil / fertilizer used: _____
_____
_____

Date (when the photo was taken):_____
Size update:_____

Pests:_____
Bloom or fruit date: _____
Harvest date: _____   Yield:_____

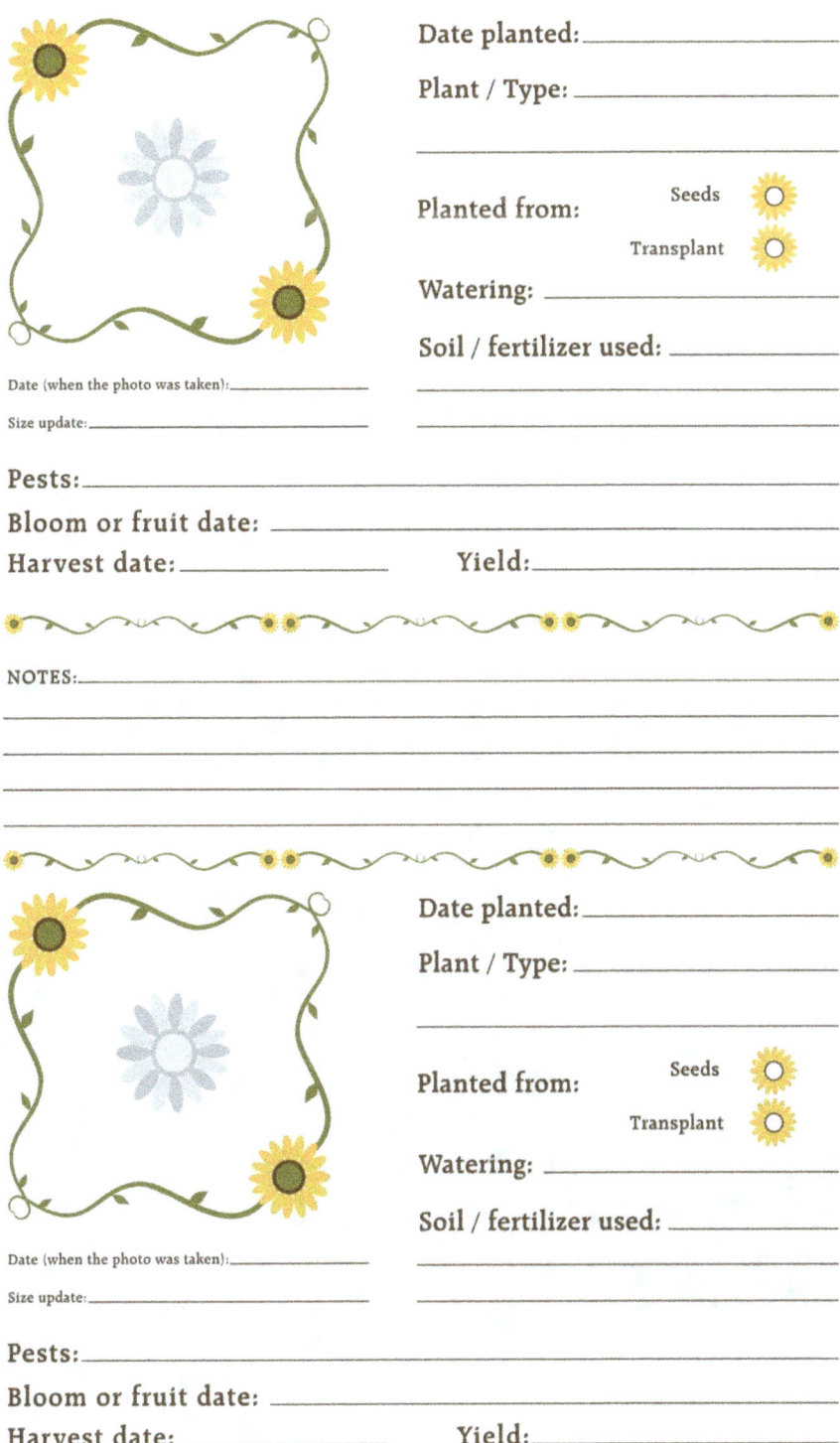

Date planted:_____

Plant / Type:_____

_____

Planted from: Seeds   ○

                    Transplant   ○

Watering: _____

Soil / fertilizer used: _____

Date (when the photo was taken):_____

Size update:_____

Pests:_____

Bloom or fruit date: _____

Harvest date:_____   Yield:_____

NOTES:_____
_____
_____
_____
_____

Date planted:_____

Plant / Type:_____

_____

Planted from: Seeds   ○

                    Transplant   ○

Watering: _____

Soil / fertilizer used: _____

Date (when the photo was taken):_____

Size update:_____

Pests:_____

Bloom or fruit date: _____

Harvest date:_____   Yield:_____

Date planted: _____

Plant / Type: _____

_____

Planted from: Seeds ○

            Transplant ○

Watering: _____

Soil / fertilizer used: _____

_____

_____

Date (when the photo was taken): _____

Size update: _____

Pests: _____

Bloom or fruit date: _____

Harvest date: _____   Yield: _____

NOTES: _____
_____
_____
_____
_____

Date planted: _____

Plant / Type: _____

_____

Planted from: Seeds ○

            Transplant ○

Watering: _____

Soil / fertilizer used: _____

_____

_____

Date (when the photo was taken): _____

Size update: _____

Pests: _____

Bloom or fruit date: _____

Harvest date: _____   Yield: _____

Date planted: _____

Plant / Type: _____

_____

Planted from: Seeds ◯
                  Transplant ◯

Watering: _____

Soil / fertilizer used: _____

_____

_____

Date (when the photo was taken): _____

Size update: _____

Pests: _____

Bloom or fruit date: _____

Harvest date: _____   Yield: _____

NOTES: _____
_____
_____
_____
_____

Date planted: _____

Plant / Type: _____

_____

Planted from: Seeds ◯
                  Transplant ◯

Watering: _____

Soil / fertilizer used: _____

_____

_____

Date (when the photo was taken): _____

Size update: _____

Pests: _____

Bloom or fruit date: _____

Harvest date: _____   Yield: _____

Date planted: _____

Plant / Type: _____

_____

Planted from: Seeds ○
                Transplant ○

Watering: _____

Soil / fertilizer used: _____

_____

_____

Date (when the photo was taken): _____

Size update: _____

Pests: _____

Bloom or fruit date: _____

Harvest date: _____   Yield: _____

NOTES: _____

_____
_____
_____
_____
_____

Date planted: _____

Plant / Type: _____

_____

Planted from: Seeds ○
                Transplant ○

Watering: _____

Soil / fertilizer used: _____

_____

_____

Date (when the photo was taken): _____

Size update: _____

Pests: _____

Bloom or fruit date: _____

Harvest date: _____   Yield: _____

Date planted: _____

Plant / Type: _____

_____

Planted from: Seeds ○
                  Transplant ○

Watering: _____

Soil / fertilizer used: _____

_____

_____

Date (when the photo was taken): _____

Size update: _____

Pests: _____

Bloom or fruit date: _____

Harvest date: _____   Yield: _____

NOTES: _____
_____
_____
_____
_____

Date planted: _____

Plant / Type: _____

_____

Planted from: Seeds ○
                  Transplant ○

Watering: _____

Soil / fertilizer used: _____

_____

_____

Date (when the photo was taken): _____

Size update: _____

Pests: _____

Bloom or fruit date: _____

Harvest date: _____   Yield: _____

Date planted: _____

Plant / Type: _____
_____

Planted from: Seeds ○
                    Transplant ○

Watering: _____

Soil / fertilizer used: _____
_____

Date (when the photo was taken): _____

Size update: _____

Pests: _____

Bloom or fruit date: _____

Harvest date: _____   Yield: _____

NOTES: _____
_____
_____
_____
_____

Date planted: _____

Plant / Type: _____
_____

Planted from: Seeds ○
                    Transplant ○

Watering: _____

Soil / fertilizer used: _____
_____

Date (when the photo was taken): _____

Size update: _____

Pests: _____

Bloom or fruit date: _____

Harvest date: _____   Yield: _____

Date planted:_____

Plant / Type:_____
_____

Planted from: Seeds ○
                 Transplant ○

Watering:_____

Soil / fertilizer used:_____
_____
_____

Date (when the photo was taken):_____
Size update:_____

Pests:_____
Bloom or fruit date:_____
Harvest date:_____   Yield:_____

NOTES:_____
_____
_____
_____
_____

Date planted:_____

Plant / Type:_____
_____

Planted from: Seeds ○
                 Transplant ○

Watering:_____

Soil / fertilizer used:_____
_____
_____

Date (when the photo was taken):_____
Size update:_____

Pests:_____
Bloom or fruit date:_____
Harvest date:_____   Yield:_____

Date planted: _____

Plant / Type: _____

Planted from: Seeds ○
                 Transplant ○

Watering: _____

Soil / fertilizer used: _____

_____

_____

Date (when the photo was taken): _____

Size update: _____

Pests: _____

Bloom or fruit date: _____

Harvest date: _____   Yield: _____

NOTES: _____

_____

_____

_____

_____

Date planted: _____

Plant / Type: _____

Planted from: Seeds ○
                 Transplant ○

Watering: _____

Soil / fertilizer used: _____

_____

_____

Date (when the photo was taken): _____

Size update: _____

Pests: _____

Bloom or fruit date: _____

Harvest date: _____   Yield: _____

Date planted: _____

Plant / Type: _____

_____

Planted from: Seeds ⚬
                Transplant ⚬

Watering: _____

Soil / fertilizer used: _____

_____

_____

Date (when the photo was taken): _____

Size update: _____

Pests: _____
Bloom or fruit date: _____
Harvest date: _____   Yield: _____

NOTES: _____
_____
_____
_____

Date planted: _____

Plant / Type: _____

_____

Planted from: Seeds ⚬
                Transplant ⚬

Watering: _____

Soil / fertilizer used: _____

_____

_____

Date (when the photo was taken): _____

Size update: _____

Pests: _____
Bloom or fruit date: _____
Harvest date: _____   Yield: _____

Date planted: _____

Plant / Type: _____

_____

Planted from: Seeds ⊙
                     Transplant ⊙

Watering: _____

Soil / fertilizer used: _____

_____

Date (when the photo was taken): _____

Size update: _____

Pests: _____

Bloom or fruit date: _____

Harvest date: _____   Yield: _____

NOTES: _____
_____
_____
_____

Date planted: _____

Plant / Type: _____

_____

Planted from: Seeds ⊙
                     Transplant ⊙

Watering: _____

Soil / fertilizer used: _____

_____

Date (when the photo was taken): _____

Size update: _____

Pests: _____

Bloom or fruit date: _____

Harvest date: _____   Yield: _____

Date planted: _____

Plant / Type: _____

_____

Planted from: Seeds ○
                Transplant ○

Watering: _____

Soil / fertilizer used: _____

Date (when the photo was taken): _____

_____

Size update: _____

_____

Pests: _____
Bloom or fruit date: _____
Harvest date: _____   Yield: _____

NOTES: _____
_____
_____
_____
_____

Date planted: _____

Plant / Type: _____

_____

Planted from: Seeds ○
                Transplant ○

Watering: _____

Soil / fertilizer used: _____

Date (when the photo was taken): _____

_____

Size update: _____

_____

Pests: _____
Bloom or fruit date: _____
Harvest date: _____   Yield: _____

Date planted: _____

Plant / Type: _____

_____

Planted from: Seeds ○

 Transplant ○

Watering: _____

Soil / fertilizer used: _____
_____

Date (when the photo was taken): _____

Size update: _____

Pests: _____

Bloom or fruit date: _____

Harvest date: _____ Yield: _____

NOTES: _____
_____
_____
_____
_____

Date planted: _____

Plant / Type: _____

_____

Planted from: Seeds ○

 Transplant ○

Watering: _____

Soil / fertilizer used: _____
_____

Date (when the photo was taken): _____

Size update: _____

Pests: _____

Bloom or fruit date: _____

Harvest date: _____ Yield: _____

Date planted: _____

Plant / Type: _____

_____

Planted from: Seeds ○

                 Transplant ○

Watering: _____

Soil / fertilizer used: _____

_____

Date (when the photo was taken): _____

Size update: _____

Pests: _____

Bloom or fruit date: _____

Harvest date: _____   Yield: _____

NOTES: _____
_____
_____
_____
_____

Date planted: _____

Plant / Type: _____

_____

Planted from: Seeds ○

                 Transplant ○

Watering: _____

Soil / fertilizer used: _____

_____

Date (when the photo was taken): _____

Size update: _____

Pests: _____

Bloom or fruit date: _____

Harvest date: _____   Yield: _____

Date planted: _____

Plant / Type: _____

_____

Planted from: Seeds   ○
                     Transplant ○

Watering: _____

Soil / fertilizer used: _____

_____

_____

Date (when the photo was taken): _____

Size update: _____

Pests: _____

Bloom or fruit date: _____

Harvest date: _____   Yield: _____

NOTES: _____

_____

_____

_____

_____

Date planted: _____

Plant / Type: _____

_____

Planted from: Seeds   ○
                     Transplant ○

Watering: _____

Soil / fertilizer used: _____

_____

_____

Date (when the photo was taken): _____

Size update: _____

Pests: _____

Bloom or fruit date: _____

Harvest date: _____   Yield: _____

Date planted:_____

Plant / Type:_____

_____

Planted from: Seeds ○
                Transplant ○

Watering:_____

Soil / fertilizer used:_____

_____

Date (when the photo was taken):_____
Size update:_____

Pests:_____
Bloom or fruit date:_____
Harvest date:_____   Yield:_____

NOTES:_____
_____
_____
_____

Date planted:_____

Plant / Type:_____

_____

Planted from: Seeds ○
                Transplant ○

Watering:_____

Soil / fertilizer used:_____

_____

Date (when the photo was taken):_____
Size update:_____

Pests:_____
Bloom or fruit date:_____
Harvest date:_____   Yield:_____

Date planted: _____

Plant / Type: _____

_____

Planted from: Seeds ⚪

                Transplant ⚪

Watering: _____

Soil / fertilizer used: _____

_____

Date (when the photo was taken): _____

Size update: _____

Pests: _____

Bloom or fruit date: _____

Harvest date: _____   **Yield:** _____

NOTES: _____
_____
_____
_____
_____

Date planted: _____

Plant / Type: _____

_____

Planted from: Seeds ⚪

                Transplant ⚪

Watering: _____

Soil / fertilizer used: _____

_____

Date (when the photo was taken): _____

Size update: _____

Pests: _____

Bloom or fruit date: _____

Harvest date: _____   **Yield:** _____

Date planted: _____

Plant / Type: _____

_____

Planted from: Seeds ○
                 Transplant ○

Watering: _____

Soil / fertilizer used: _____

_____

_____

Date (when the photo was taken): _____

Size update: _____

Pests: _____

Bloom or fruit date: _____

Harvest date: _____   Yield: _____

NOTES: _____
_____
_____
_____

Date planted: _____

Plant / Type: _____

_____

Planted from: Seeds ○
                 Transplant ○

Watering: _____

Soil / fertilizer used: _____

_____

_____

Date (when the photo was taken): _____

Size update: _____

Pests: _____

Bloom or fruit date: _____

Harvest date: _____   Yield: _____

Date planted:_____

Plant / Type:_____
_____

Planted from: Seeds   ○
                 Transplant ○

Watering: _____

Soil / fertilizer used: _____
_____
_____

Date (when the photo was taken):_____
Size update:_____

Pests:_____
Bloom or fruit date: _____
Harvest date: _____   Yield:_____

NOTES:_____
_____
_____
_____
_____
_____

Date planted:_____

Plant / Type:_____
_____

Planted from: Seeds   ○
                 Transplant ○

Watering: _____

Soil / fertilizer used: _____
_____
_____

Date (when the photo was taken):_____
Size update:_____

Pests:_____
Bloom or fruit date: _____
Harvest date: _____   Yield:_____

Date planted: _____

Plant / Type: _____

_____

Planted from: Seeds ○

                  Transplant ○

Watering: _____

Soil / fertilizer used: _____

_____

Date (when the photo was taken): _____

Size update: _____

Pests: _____

Bloom or fruit date: _____

Harvest date: _____   Yield: _____

NOTES: _____
_____
_____
_____
_____

Date planted: _____

Plant / Type: _____

_____

Planted from: Seeds ○

                  Transplant ○

Watering: _____

Soil / fertilizer used: _____

_____

Date (when the photo was taken): _____

Size update: _____

Pests: _____

Bloom or fruit date: _____

Harvest date: _____   Yield: _____

Date planted: _____

Plant / Type: _____

_____

Planted from: Seeds   ⊙

                     Transplant ⊙

Watering: _____

Soil / fertilizer used: _____

_____

_____

Date (when the photo was taken):_____

Size update: _____

Pests: _____

Bloom or fruit date: _____

Harvest date: _____   Yield: _____

NOTES: _____
_____
_____
_____
_____

Date planted: _____

Plant / Type: _____

_____

Planted from: Seeds   ⊙

                     Transplant ⊙

Watering: _____

Soil / fertilizer used: _____

_____

_____

Date (when the photo was taken):_____

Size update: _____

Pests: _____

Bloom or fruit date: _____

Harvest date: _____   Yield: _____

Date planted:_____

Plant / Type:_____

_____

Planted from: Seeds   ⚪
                   Transplant ⚪

Watering:_____

Soil / fertilizer used:_____

Date (when the photo was taken):_____

Size update:_____

_____

Pests:_____

Bloom or fruit date:_____

Harvest date:_____   Yield:_____

NOTES:_____
_____
_____
_____
_____

Date planted:_____

Plant / Type:_____

_____

Planted from: Seeds   ⚪
                   Transplant ⚪

Watering:_____

Soil / fertilizer used:_____

Date (when the photo was taken):_____

Size update:_____

_____

Pests:_____

Bloom or fruit date:_____

Harvest date:_____   Yield:_____

Date planted: _____

Plant / Type: _____

_____

Planted from: Seeds ⊙
                 Transplant ⊙

Watering: _____

Soil / fertilizer used: _____

_____

_____

Date (when the photo was taken): _____

Size update: _____

Pests: _____

Bloom or fruit date: _____

Harvest date: _____   Yield: _____

NOTES: _____
_____
_____
_____
_____

Date planted: _____

Plant / Type: _____

_____

Planted from: Seeds ⊙
                 Transplant ⊙

Watering: _____

Soil / fertilizer used: _____

_____

Date (when the photo was taken): _____

Size update: _____

Pests: _____

Bloom or fruit date: _____

Harvest date: _____   Yield: _____

Date planted: _____

Plant / Type: _____

_____

Planted from: Seeds ○

                Transplant ○

Watering: _____

Soil / fertilizer used: _____

_____

_____

Date (when the photo was taken): _____

Size update: _____

Pests: _____

Bloom or fruit date: _____

Harvest date: _____   Yield: _____

NOTES: _____
_____
_____
_____

Date planted: _____

Plant / Type: _____

_____

Planted from: Seeds ○

                Transplant ○

Watering: _____

Soil / fertilizer used: _____

_____

_____

Date (when the photo was taken): _____

Size update: _____

Pests: _____

Bloom or fruit date: _____

Harvest date: _____   Yield: _____

Date planted: _____

Plant / Type: _____

_____

Planted from: Seeds ○

Transplant ○

Watering: _____

Soil / fertilizer used: _____

_____

Date (when the photo was taken): _____

Size update: _____

Pests: _____

Bloom or fruit date: _____

Harvest date: _____ Yield: _____

NOTES: _____
_____
_____
_____
_____

Date planted: _____

Plant / Type: _____

_____

Planted from: Seeds ○

Transplant ○

Watering: _____

Soil / fertilizer used: _____

_____

Date (when the photo was taken): _____

Size update: _____

Pests: _____

Bloom or fruit date: _____

Harvest date: _____ Yield: _____

Date planted: _____

Plant / Type: _____

_____

Planted from: Seeds ○
                Transplant ○

Watering: _____

Soil / fertilizer used: _____

_____

Date (when the photo was taken): _____

Size update: _____

Pests: _____

Bloom or fruit date: _____

Harvest date: _____   Yield: _____

NOTES: _____
_____
_____
_____
_____

Date planted: _____

Plant / Type: _____

_____

Planted from: Seeds ○
                Transplant ○

Watering: _____

Soil / fertilizer used: _____

_____

Date (when the photo was taken): _____

Size update: _____

Pests: _____

Bloom or fruit date: _____

Harvest date: _____   Yield: _____

Date planted: _____

Plant / Type: _____
_____

Planted from: Seeds ⚬
                Transplant ⚬

Watering: _____

Soil / fertilizer used: _____
_____

Date (when the photo was taken): _____

Size update: _____

Pests: _____

Bloom or fruit date: _____

Harvest date: _____   Yield: _____

NOTES: _____
_____
_____
_____
_____

Date planted: _____

Plant / Type: _____
_____

Planted from: Seeds ⚬
                Transplant ⚬

Watering: _____

Soil / fertilizer used: _____
_____

Date (when the photo was taken): _____

Size update: _____

Pests: _____

Bloom or fruit date: _____

Harvest date: _____   Yield: _____

Date planted:_____

Plant / Type:_____
_____

Planted from: Seeds ○
                 Transplant ○

Watering: _____

Soil / fertilizer used: _____
_____
_____

Date (when the photo was taken):_____

Size update:_____

Pests:_____

Bloom or fruit date: _____

Harvest date: _____   Yield:_____

NOTES:_____
_____
_____
_____

Date planted:_____

Plant / Type:_____
_____

Planted from: Seeds ○
                 Transplant ○

Watering: _____

Soil / fertilizer used: _____
_____
_____

Date (when the photo was taken):_____

Size update:_____

Pests:_____

Bloom or fruit date: _____

Harvest date: _____   Yield:_____

Date planted: _____

Plant / Type: _____

_____

Planted from: Seeds ○

                   Transplant ○

Watering: _____

Soil / fertilizer used: _____

_____

Date (when the photo was taken): _____

Size update: _____

Pests: _____

Bloom or fruit date: _____

Harvest date: _____   Yield: _____

NOTES: _____

_____

_____

_____

_____

Date planted: _____

Plant / Type: _____

_____

Planted from: Seeds ○

                   Transplant ○

Watering: _____

Soil / fertilizer used: _____

_____

Date (when the photo was taken): _____

Size update: _____

Pests: _____

Bloom or fruit date: _____

Harvest date: _____   Yield: _____

Date planted: _____

Plant / Type: _____

_____

Planted from: Seeds ○
                  Transplant ○

Watering: _____

Soil / fertilizer used: _____

_____

_____

Date (when the photo was taken): _____

Size update: _____

Pests: _____

Bloom or fruit date: _____

Harvest date: _____   Yield: _____

NOTES: _____
_____
_____
_____
_____

Date planted: _____

Plant / Type: _____

_____

Planted from: Seeds ○
                  Transplant ○

Watering: _____

Soil / fertilizer used: _____

_____

_____

Date (when the photo was taken): _____

Size update: _____

Pests: _____

Bloom or fruit date: _____

Harvest date: _____   Yield: _____

Date planted:_____

Plant / Type:_____

_____

Planted from: Seeds   ◯
                   Transplant ◯

Watering: _____

Soil / fertilizer used: _____

_____

Date (when the photo was taken):_____

Size update:_____

Pests:_____

Bloom or fruit date: _____

Harvest date: _____   Yield:_____

NOTES:_____
_____
_____
_____
_____
_____

Date planted:_____

Plant / Type:_____

_____

Planted from: Seeds   ◯
                   Transplant ◯

Watering: _____

Soil / fertilizer used: _____

_____

Date (when the photo was taken):_____

Size update:_____

Pests:_____

Bloom or fruit date: _____

Harvest date: _____   Yield:_____

Date planted: _____

Plant / Type: _____

_____

Planted from: Seeds ○

  Transplant ○

Watering: _____

Soil / fertilizer used: _____

_____

Date (when the photo was taken): _____

Size update: _____

Pests: _____

Bloom or fruit date: _____

Harvest date: _____   Yield: _____

NOTES: _____
_____
_____
_____
_____

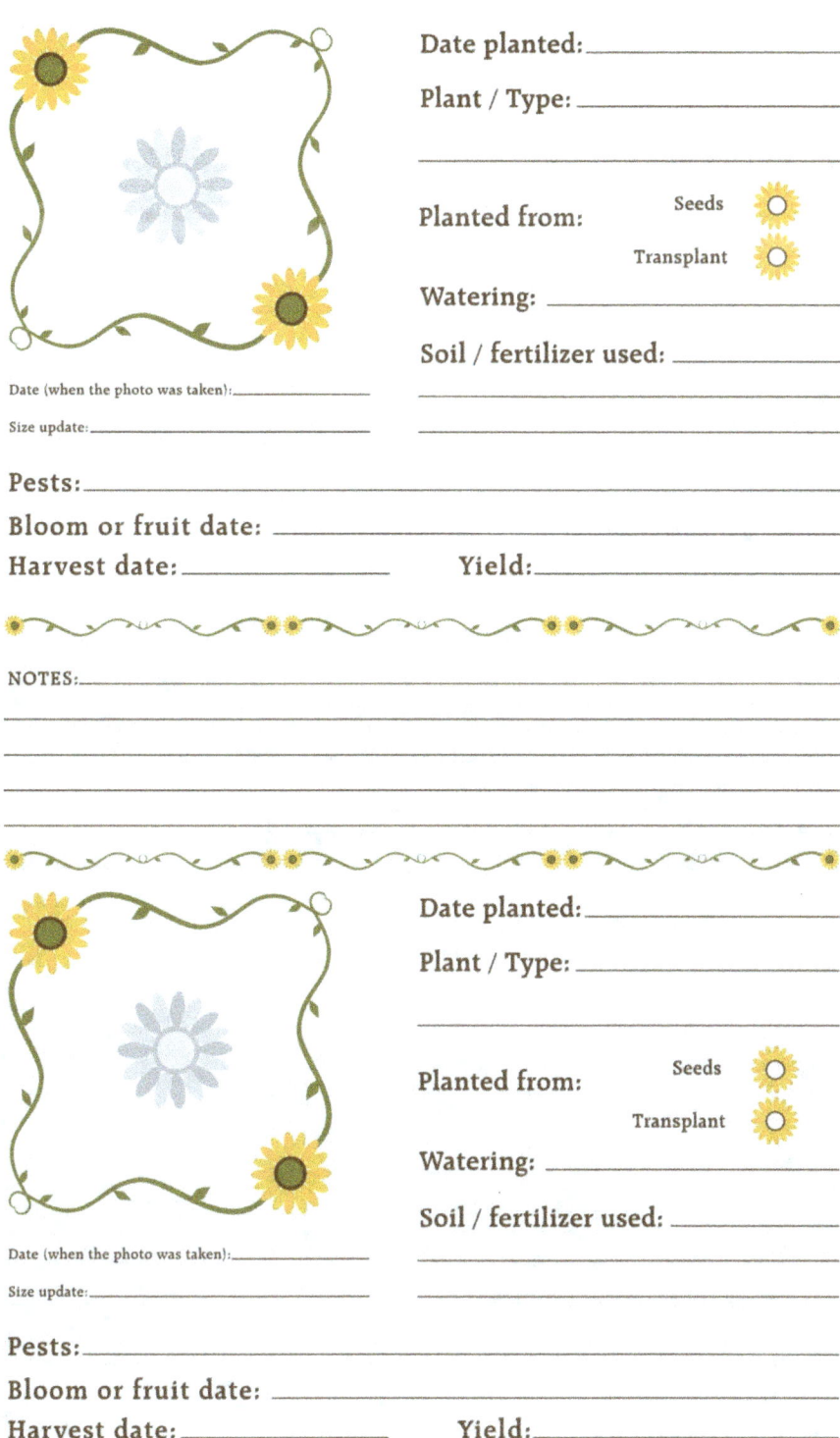

Date planted: _____

Plant / Type: _____

_____

Planted from: Seeds ○

  Transplant ○

Watering: _____

Soil / fertilizer used: _____

_____

Date (when the photo was taken): _____

Size update: _____

Pests: _____

Bloom or fruit date: _____

Harvest date: _____   Yield: _____

Date planted: _____

Plant / Type: _____
_____

Planted from: Seeds ○
                Transplant ○

Watering: _____

Soil / fertilizer used: _____
_____
_____

Date (when the photo was taken): _____

Size update: _____

Pests: _____

Bloom or fruit date: _____

Harvest date: _____   Yield: _____

NOTES: _____
_____
_____
_____
_____

Date planted: _____

Plant / Type: _____
_____

Planted from: Seeds ○
                Transplant ○

Watering: _____

Soil / fertilizer used: _____
_____
_____

Date (when the photo was taken): _____

Size update: _____

Pests: _____

Bloom or fruit date: _____

Harvest date: _____   Yield: _____

Date planted:_____

Plant / Type:_____
_____

Planted from: Seeds ○
                   Transplant ○

Watering:_____

Soil / fertilizer used:_____
_____
_____

Date (when the photo was taken):_____

Size update:_____

Pests:_____

Bloom or fruit date: _____

Harvest date:_____   Yield:_____

NOTES:_____
_____
_____
_____

Date planted:_____

Plant / Type:_____
_____

Planted from: Seeds ○
                   Transplant ○

Watering:_____

Soil / fertilizer used:_____
_____
_____

Date (when the photo was taken):_____

Size update:_____

Pests:_____

Bloom or fruit date: _____

Harvest date:_____   Yield:_____

Date planted: _____

Plant / Type: _____

_____

Planted from: Seeds ○
                  Transplant ○

Watering: _____

Soil / fertilizer used: _____

_____

_____

Date (when the photo was taken): _____
Size update: _____

Pests: _____
Bloom or fruit date: _____
Harvest date: _____   Yield: _____

NOTES: _____
_____
_____
_____
_____

Date planted: _____

Plant / Type: _____

_____

Planted from: Seeds ○
                  Transplant ○

Watering: _____

Soil / fertilizer used: _____

_____

_____

Date (when the photo was taken): _____
Size update: _____

Pests: _____
Bloom or fruit date: _____
Harvest date: _____   Yield: _____

Date planted: _____

Plant / Type: _____

_____

Planted from: Seeds ○
                Transplant ○

Watering: _____

Soil / fertilizer used: _____

_____

_____

Date (when the photo was taken): _____

Size update: _____

Pests: _____

Bloom or fruit date: _____

Harvest date: _____   Yield: _____

NOTES: _____
_____
_____
_____
_____

Date planted: _____

Plant / Type: _____

_____

Planted from: Seeds ○
                Transplant ○

Watering: _____

Soil / fertilizer used: _____

_____

_____

Date (when the photo was taken): _____

Size update: _____

Pests: _____

Bloom or fruit date: _____

Harvest date: _____   Yield: _____

www.ingramcontent.com/pod-product-compliance
Lightning Source LLC
Chambersburg PA
CBHW050301120526
44590CB00016B/2444